I0231322

www.ingramcontent.com/pod-product-compliance
Lightning Source LLC
Chambersburg PA
CBHW031501040426
42444CB00007B/1167
* 9 7 8 1 9 9 0 1 5 7 0 2 8 *

|انتشارات انار|

مزرعه

امیر سمامی

از نمایشنامه‌های ایران - ۹

به خنیاگری نغز آورد روی   که: چیزی که دل خوش کند، آن بگوی

مزرعه (اقتباسی آزاد از قلعه حیوانات جورج اُرول)

از نمایشنامه‌های ایران - ۹

نویسنده: امیر سمامی

دبیر بخش «از نمایشنامه‌های ایران»: مهسا دهقانی‌پور

ویراستار: مهسا دهقانی‌پور

مدیر هنری و طراح گرافیک: عبدالرضا طبیبیان

چاپ اول: پاییز ۱۳۹۹، مونترال، کانادا

شابک: ۹۷۸-۱-۹۹۰۱۵۷-۰۲-۸

مشخصات ظاهری کتاب: ۶۸ برگ

قیمت: ۶€ - ۷£ - CAN $ ۱۰٫۵ - US $ ۸

|انتشارات انار|

نشانی: 746A, Plymouth Av., Montreal, QC, Canada

کدپستی: H4P 1B1

ایمیل: pomegranatepublication@gmail.com

اینستاگرام: pomegranatepublication

همه‌ی حقوق چاپ و نشر برای ناشر محفوظ است.

هرگونه اجرایی از این نمایشنامه منوط به اجازه رسمی از ناشر است.

پیشکش به دخترم مهرانا،
که آینده‌ای درخشان برایش درعرصه‌ی هنر آرزو می‌کنم.

فهرست

۹	مقدمه
۱۳	یک
۱۹	دو
۲۳	سه
۲۷	چهار
۳۱	پنج
۳۷	شش
۴۱	هفت
۴۵	هشت
۴۹	نه
۵۵	ده
۵۹	یازده

مقدمه

نمایشـنامه مزرعـه اقتباسـی آزاد از داسـتان قلعـه حیوانـات اسـت. از آنجا که این داسـتان در تمـام دنیا برای اهالی کتاب و کتاب‌خـوان شـناخته شـده اسـت مسـئولیت نگارش‌کار را برایـم دو چنـدان می‌نمـود. امـا در مرحلـه‌ای از نگارش به این نتیجـه رسـیدم بـه آنچـه کـه بیشـتر ذهنـم را مشـغول خـود کـرده اسـت، بپـردازم.

مدتی ایده نگارش نمایشـنامه بـرای صحنـه، با مـن بـود و لحظـه‌ای از ذهنـم دور نمی‌شـد. سـرانجام در زمسـتان سـال ۹۶ نگارش آن به اتمـام رسـید و در بهـار ۹۷ بـرای بـار چنـدم بازنویسـی شـد. و امـروز بـرای مخاطبـان صحنـه نمایش به شـمایل کتاب درآمـد و در اختیارشـان قـرار گرفت.

مزرعـه نمایشـی از جنـس فرهنـگ عامـه و بیشـتر بـه زندگی‌کشـاورزان، دامـداران شـبیه اسـت از ایـن رو بـرای مکان واقعـی و محـل وقـوع داسـتان آن بـه هیـچ یـک از تمهیـدات نگارشـی متوسـل نشـدم تـا همچنـان بکـر بمانـد و خواننـده یـا ببیننـده نمایـش دنیـای فرضـی و خیالـی داسـتان را بـه هر سـرزمین و آب و خاکـی کـه این‌گونـه اسـت نسـبت دهـد.

البتـه توجـه بـه متـن قلعـه حیوانـات هـم موجـب شـد اندکـی بـه جهـان شـمول بـودن مـکان و زمـان نمایـش وفـادار باشـم و آن را در یـک ناکجاآبـاد قـرار دهـم کـه صـد البتـه هزارهـا، از ایـن دسـت ناکجاآبـاد را در دنیـای معاصـر شـاهد هسـتیم.

مزرعـه انسـانی ایـن روزهـا بیشـتر از مزرعـه حیوانـات نیـاز بـه تیمـارداری داشـته و چـه بسـیار از آن غافلیـم و...

امیرسمامی ۱۳۹۷

آدم‌های نمایش:

مرد چاق

دختر

پسر

مرد میانسال

زن ۱

مرد پیر

زن

موسفید

آقای زانی

پسر اول

پسر دوم

جوان

مرد اول

مرد دوم

پسر بچه

یک

(صحنه که باز می‌شود درِب بلند و عریضی در انتها، تمام صحنه را پوشانده است به طریقی که به در ورودی یک قلعه شبیه است. آقای زانی مردی با قامت بلند اسلحه شکاری در دست و چکمه‌ای بلند در صحنه درب را کاملا می‌بندد و از سمت دیگر صحنه را ترک می‌کند. از بدنه در و قسمت‌های مختلف آن بخش‌هایی کنار زده می‌شود یا به صورت کشویی بالا زده می‌شود و چهره‌ی افرادی نمایان می‌گردد. کم‌کم افراد از آن خارج شده و به صحنه می‌آیند. درب دیگری در سمت

چپ صحنه و انبار مزرعه است. چراغ خانه خاموش می‌شود.)

مرد چاق: (به سمتی که مرد رفته می‌رود و سرک می‌کشد.) بیاین بیرون. اون رفته و الان داره خواب صدتا پادشاه رو می‌بینه.

دختر: هورا، آزادی و نفس راحت.

پسر: تا صبح شادی و پایکوبی.

مرد میانسال: مثل همیشه کسی باید مراقب باشه. دیده‌بان. امشب نوبت کیه رفقا.

پسر: فکرکنم. نوبت موسفید باشه.

مرد میانسال: مو سفید. پس عجله کن.

زن۱: حالا می‌تونین هر طورکه دوست دارین خوش بگذرونین.

مرد پیر: فقط مراقب باشین از خواب زمستونیش بیدار نشه. به سایرین هم بگین باهاشون کار واجبی دارم.

پسر: عمو جان. ما همیشه شرایط تفریح و بازی رو نداریم. باید مدام توی مزرعه کار کنیم.

دختر: مادلمون می‌خواد بازی کنیم.

مرد پیر: کار بسیار مهمیه. به بقیه هم بگین جمع شن اینجا.

زن: بازم سخرانی و جلسات همیاری و همکاری. دیگه شورش رو درآوردین.

(همه در صحنه جمع می‌شوند و مرد پیر از سکویی بالا می‌رود همه ساکت می‌شوند و همهمه‌ها پایان می‌پذیرد. موسفید برای دیده‌بانی می‌رود.)

مرد پیر: رفقا باید نکاتی رو بهتون بگم. ممکنه زمان زیادی در جمع شما نباشم. خب من پیر شدم و پام لب گوره اما دلم می‌خواد نسل جدیدی که داره قد می‌کشه مثل ما نباشه و برای کسی بیگاری نکنه. چیزی توی ذهنمه. فقط باید به من اعتماد کنین.

مرد چاق: اما عمو جان. این چه حرفیه که می‌زنین.

زن: شما می‌خواین ما رو تنها بذارین. نه اصلاً این خوب نیست، ما به تجربه‌ی شما همیشه نیاز داریم.

مرد پیر: اما این ممکن نیست که همیشه کنار هم باشیم. پیش از این هم پدرانمون از جمع ما جدا شدن و ما رو تنها گذاشتن. این قانون طبیعته.

پسر: چقدر حیف می‌شه.

مرد پیر: بیا پسرم. اینو بخون. (طوماری را به او می دهد.)

پسر: همه آدم‌ها با هم برابرن. مرد و زن فرقی نداره. زمین متعلق به همه آدم‌هاست و کسی حق استثمار مردم ضعیف رو نداره.

(پسر طومار را می‌خواند اما کلمات را درست ادا نمی‌کند. حاضرین به او می‌خندند. موسفید همه را به سکوت دعوت می‌کند.)

موسفید: دوباره خوابید. انگار خواب دیده که شورش شده. ادامه بدین فقط کمی آرومتر.

مرد میانسال: بِدش به من. مثلاً سواد داری؟ (می‌خواند.) هیچ کسی بر دیگری برتری نداره. همه باید جای خواب

مناسب و غذای کافی داشته باشند. بچه‌ها حق تحصیل رایگان دارن. مردها بر زن‌ها برتری ندارن. محصول طبیعت با تلاش‌همه به بار می‌شینه و این‌محصول مال همه‌ی مردمه. رویاهای خوب زندگی رو مرور کنین. روزی می‌شه که در کنار هم زندگی راحتی رو خواهید داشت. شاید اون روز من نباشم اما غیرممکن نیست.

مرد پیر: اگه باهم باشین. اگه دوست باشین بزودی اتفاقای خوبی می‌افته.

(شور و شعف همراه با آواز و پایکوبی موجب می‌شود تک‌تک افراد پشت درب قلعه مخفی شده و پسر هم در حالی‌که شانه‌هایش زیر دست‌های پیرمرد است صحنه را ترک می‌کند. موسفید دربها و دریچه‌ها را می‌بندد.)

دختر: عمو جان. شما همیشه بهترین خبرها رو برای ما آوردین.

پسر: زنده باد.

همه: زنده باد...

(چراغ خانه روشن می‌شود. همه ساکت می‌شوند. موسفید همه را به سکوت دعوت می‌کند، پس از چند لحظه چراغ خانه خاموش می‌شود و موسفید مجدداً به حاضرین می‌گوید راحت باشند.)

موسفید: دوباره خوابید. انگار خواب دیده که شورش شده . ادامه بدین. فقط کمی آرومتر.

(مجدداً به پایکوبی مشغول می‌شوند و از انبار آذوقه‌ها را بین خود تقسیم می‌کنند.)

دو

(نور کاملاً صحنه را روشن کرده است و آقای زانی کنار در ورودی شلاق به دست فریاد می‌زند.)

آقای زانی: بجُنبید تنبلا. هوا کاملاً سپیده زده. (بعضی از افراد وارد صحنه می‌شوند.) بارها بهتون تذکر دادم شب تا دیر وقت بیدار نمونین. دیشب بازسر و صداتون بیدارم کرد. نمی‌دونم ازاین شب بیداری‌ها چی گیرتون میاد.

پسر: آقای زانی. حال پدربزرگم خوب نیست. داره می‌میره.

آقای زانی: شما برین سر کاراتون. هنوز دوشیدن گاوها و علوفه‌ی گوسفندا مونده و آذوقه بقیه حیوونا. خودم یه سری بهش می‌زنم.
موسفید: اما باید پزشک دهکده اونو ببینه.
آقای زانی: اون عمرش رو کرده. امروزنه چند روز دیگه سرش رو می‌ذاره زمین و می‌میره. کسی توی مزرعه نَمونه. هر چه سریعتر مزرعه رو ترک کنین. تا قبل از زمان بارندگی باید گندُما رو درو کنیم.

(همه از یک سوی صحنه به سوی دیگر صحنه می‌روند. دختر و پسر آهسته بسوی در مزرعه آمده و سرک می‌کشند. یک سطل آب و پارچه‌ای سفید را با خود به بیرون می‌برند و درب را می‌بندند. صدای آقای زانی شنیده می‌شود که فریاد می‌زند.)

صدای آقای زانی: دوشیدن گاوا و آذوقه حیوونا که تموم شد سوارشین به طرف مزرعه حرکت می‌کنیم. کسی‌جا نمونه و غذای ظهرش رو فراموش نکنه.

(همان صدای آواز شب گذشته که هنگام پایکوبی می‌خواندند را زمزمه می‌کنند و کم‌کم دور می‌شوند. زن وارد می‌شود به سراغ انبار می‌رود.)

زن: هرشب کارشون شده دزدی. اگه آقای زانی بفهمه کارشون ساخته‌اس. مرد هم اگه یه همچین قد و بالای داشته باشه

بهش می‌گن مرد.

(پسر که مجدداً بازگشته است.)

پسر: شما هنوز اینجایین؟

زن: داشتم می‌رفتم که تو اومدی.

پسر: اونا رفتن. نگران نباش.

زن: عه. تو چرا نرفتی؟

پسر: من موندم تا کمک پدربزرگم باشم.

زن: تو چند سالته؟

پسر: ۱۸ سال.

زن: برای خودت مردی شدی.

پسر: شما هم خانوم زیبایی هستین.

زن: غیر از من و تو. دیگه کی توی دهکده مونده؟

پسر: من و ماه‌چهره....

زن: آهان. اون دختر عموت.

پسر: می‌خواد کمک من باشه برای همین مونده.

زن: می‌دونم، دیدم گاهی کمکت می‌کنه. دختر خوبیه. چند دفعه کنار رودخونه دیدمتون.

پسر: (خودرا باخته است.) خب اون دختر عموی منه.

زن: بر منکرش لعنت. من فقط گفتم دیدم که کمکت می‌کرد. همین.

پسر: حتماً منظوری داشتی؟

زن: نه پسرجون. من که فضول نیستم. شما جوونید، تازه کمک کردن به دیگران که عیب نیست.

پسر: ممنون. خیالم راحت شد. با اجازه‌تون من می‌رم.

زن: برو به کمکت نیاز دارن. (پسر می‌رود.) عجب دوره زمونه‌ای شده. این دوتا مرغ عشق هم برای خودشون دنیایی ساختن. برم تاکسی منو اینجا ندیده. (زن به سرعت صحنه را ترک می‌کند.)

سه

(همان صحنه اول تکرار می‌شود و افراد مجدداً در صحنه حاضر می‌شوند. مرد پیر کم جان‌تر از شب قبل بر سکو می‌ایستد تا برای سایرین سخنرانی کند.)

مرد پیر: (در حالی‌که با اهالی صحبت می‌کند مدام سرفه می‌کند.) دوستان، من یادداشت‌هایی رو برای شما آماده کردم که بتونین از اون به عنوان یک نقشه راه استفاده کنین.

دختر: نه خدای من. من هیچ دوست ندارم اینجا رو ترک کنم.

زن: چطور می‌تونیم اینجا رو ترک کنیم در حالی‌که دوستامون در اطراف همین قلعه زندگی می‌کنن.

مرد میانسال: تو که هر وقت دلت بخواد می‌ری و اونا رو می‌بینی.

دختر: (رو به پسر جوان و طوری که سایرین نمی‌شنوند.) من خودم چند مرتبه با مردهای غریبه توی مزرعه همسایه دیدمش.

پسر: ماه‌چهره تو نباید توی رفتار مردم دقیق بشی.

دختر: اما من...

مرد میانسال: بچه‌ها اجازه می‌دین ببینیم این یادداشت چیه که قراره برامون به یادگار بمونه.

موسفید: یادداشته یا اساس‌نامه و یا یک ده فرمان برای زندگی جمعی.

مرد میانسال: موسفید این چه حرفیه . تجربیات عمو جانه.

پیرمرد: مطمئن باشین که موفق می‌شین خدا پشت و پناه مظلومانه. (پیرمرد کمی خودش را جابه‌جا می‌کند.) وصیت می‌کنم به چند چیز توجه کنین. شماها با من به این دهکده اومدین برای رسیدن به حداقل آزادی‌های فردی. می‌دونین که سال‌ها مبارزه کردیم دیگه مشکل رنگ پوست، قبیله و قومیت معنا نداشته باشه. اما امروز گرفتار شدیم. از شما می‌خوام باهم متحد باشین. به زن‌ها احترام بذارین. از اونهایی که ضعیف و ناتوانند دستگیری کنین. در مقابل ظالم مبارز باشین. این سرزمین ارث پدری هیچ کسی‌نیست و باید نعمت‌های خدا برای همه یکسان تقسیم بشه. ما جوونای زیادی داریم که کار می‌کنن و هم می‌تونن به عنوان پشتوانه بزرگ‌ترها در مقابل

زورگوها و ظالمین ایستادگی کنن. (پیرمرد مدام سرفه می کند.)
پسر: شما حالتون خوب نیست. بهتره استراحت کنین. (در حالی که پیرمرد را می‌برد.)
پیر مرد: قرار بود براتون این منشور رو بخونم.
مرد چاق: خودم این منشور رو براشون توی فرصت مناسب می‌خونم.
مرد میانسال: بهتره دیگه برگردین خونه‌هاتون و به حرف‌هایی که زده شد خوب فکرکنین.

(چند نفر با هم درگوشه و کنار صحنه گفتگو می‌کنند. عده‌ای می‌روند. دختر می‌ماند و مدام به اطراف سرک می‌کشد که پسر باز می‌گردد.)

دختر: دیرکردی؟
پسر: مجبور شدم بین راه بسپرمش به پدر و برگردم.
دختر: تو چی فکر می‌کنی؟
پسر: من به تو فکر می‌کنم.
دختر: اگه پدربزرگت ازدنیا بِره فکر می‌کنی چی می‌شه؟
پسر: اون همه چیزایی که لازم بوده رو برامون نوشته.
دختر: چه خوب. خب کجا بودی؟ تمام روز توی مزرعه سراغت رو گرفتم اما...
پسر: باید نامه‌ای رو می‌بردم بیرون مزرعه و جوابش رو بَرمی‌گردوندم.
دختر: نامه...؟
پسر: داستانش مفصله بعداً راجبش حرف می‌زنیم.

دختر: من می‌ترسم.

پسر: از چی؟

دختر: اینکه همه چیز به هم بریزه و نتونیم کنار هم باشیم.

پسر: نگرانیت بی‌مورده. بزرگ‌ترا نمی‌ذارن اتفاق بدی بیوفته.

دختر: اون چی...؟ (آقای زانی مزرعه را نشان می‌دهد.)

پسر: اونم دیگه نمی‌تونه مث سابق بهمون ظلم کنه ما داریم... بگذریم.

دختر: خبریه که من بی‌اطلاعم.

پسر: بعداً همه چیز رو برات مفصل تعریف می‌کنم. حالا بریم کنار رودخونه کمی قدم بزنیم.

دختر: مطمئنی کسی بیدار نیست. اگه ما رو با هم ببینن.

پسر: بازکه ترسیدی. ما همیشه با هم هستیم تازه همه هم می‌دونن... مگه قرار نیست با هم ازدواج کنیم.

دختر: اما پدرامون که اینو نمی‌دونن.

پسر: الان همه اهالی می‌دونن، حتماً به گوش اونا هم رسیده.

دختر: وای تو از کجا می‌دونی؟

پسر: امروز یکیشون به طعنه می‌گفت که ما رو کنار رودخونه دیده.

دختر: کی؟

پسر: چه فرقی می‌کنه. تا کور شود هر آنکه نتواند دید. تو مال منی. همین. حالا هم بریم کنار رودخونه و...

دختر: باشه فقط باید خیلی زود برگردیم قبل از اینکه اهالی برگردن.

پسر: دیوونه. فقط باید بیشتر مراقب باشیم. همین. (می‌روند و نور صحنه گرفته می‌شود.)

چهار

(صبح هنگام. همان مکان جلوی درب قلعه.)

آقای زانی: همه آماده حرکت باشن. تا چند دقیقه دیگه حرکت می‌کنیم. (آقای زانی در ورودی مزرعه را باز می‌کند تا مردم بتوانند وارد محوطه شوند.) پس کجا جا موندین تن‌لش‌ها؟

(زن وارد می‌شود و با آقای زانی گفتگو می‌کند.)

زن: کسی توی دهکده نیست.

آقای زانی: کسی توی دهکده نیست؟ یعنی چه.

زن: پیرمرد مرده. صبح زود همه رفتن برای خاک‌سپاری.

آقای زانی: یک نفر مرده اهالی یک دهکده کار و زندگی رو تعطیل کردن. احمق‌ها.

زن: ممکنه فردا هم نخوان بیان.

آقای زانی: وقتی رعیت جماعت سیر باشه همین می‌شه. مثل یابو جفتک می‌ندازه. (کمی قدم می‌زند.) تو چرا نرفتی؟

زن: من ازمرگ و عزا بیزارم. دلم می‌خواد فقط شادی باشه و پایکوبی.

آقای زانی: البته من همیشه گفتم تو فوق‌العاده‌ای. حیفه که توی این جماعت زندگی می‌کنی.

زن: شما لطف داری.

آقای زانی: یعنی هیچ کس دیگه‌ای نمونده؟ پس کار در مزرعه تعطیله؟ چه روز رخوت انگیزی می‌شه. بریم.

زن: کجا؟

آقای زانی: نکنه می‌خوای تمام روز یه لنگه پا اینجا وایستیم و حرف بزنیم. می‌ریم پامون رو می‌ندازیم رو هم یه نوشیدنی می‌خوریم. کتاب و یا روزنامه‌ای می‌خونیم. (آقای زانی حرکت می‌کند و چند گام می‌رود.) هنوز که اونجا ایستادی.

زن: چه‌کار باید بکنم؟

آقای زانی: خب می‌تونی بیای.

زن: با شما؟

آقای زانی: تعجب کردی؟

زن: آخه...!

آقای زانی: منم تنهام. یک روز در مزرعه با آقای زانی. (می‌خندد و می‌رود.)

(زن دستی به سر و رویش می‌کشد و از کیفش آینه را بیرون آورده به خود نگاهی می‌اندازد.)

زن: خانم تشریف ندارن؟
آقای زانی: رفتن شهر به خانواده‌شون سری بزنن.
زن: اون وقت من...!
آقای زانی: می‌خوای امروز رو توی آرامش و بدور از این اهالی زبون نفهم بگذرونی یا نه؟ (در حالی که می‌رود.)
زن: (مِن و مِن کنان.) بدم نمیاد.
آقای زانی: من همیشه گفتم تو با همه فرق داری و البته فهیم و داناتر هم هستی.
زن: (درحالیکه به دنبال آقای زانی می‌رود.) من هم همیشه برای شخصیت شما احترام خاصی قایل بودم. (باخود) چقدر جنتلمن تشریف داره. فوق‌العاده‌س.

(او هم رفته است.)

پنج

(همان ورودی صحنه اول که همه اهالی جمع شده‌اند و مردچاق برای دیگران مطالبی را از روی یک کتاب می‌خواند در حالی که لباس‌های تیره به تن دارند و پارچه‌ای مشکی را به صحنه می‌آورند.)

مرد چاق: ما به تمام نکته‌های این کتاب توجه می‌کنیم و همه رو موبه‌مو اجرا می‌کنیم.

مرد میانسال: باید ببینیم اصلاً قابل اجرا هستند.

مرد چاق: من کاملاً مطالعه کردمش. نکته‌هایی‌که باعث می‌شه باهم صمیمی‌تر باشیم. چندتاش رو می‌خونم دقت کنین:

یک- همه آدم‌ها باهم برابرن مرد و زن فرقی نداره.

دو- زمین متعلق به همه آدم‌هاست و کسی حق استثمار مردم ضعیف رو نداره.

سه- اموالی که باعث شده عده‌ای غنی باشن و عده زیادی در فقر زندگی کنن باید بین همه تقسیم بشه.

چهار- راه و روش پدرامون بهترین راه شناخت زندگیه.

پنج- تحصیل رایگان حق همه‌ی آدماست.

شش- اتحاد و یکدلی باعث پیروزیه.

هفت- و سعی کنیم با هم دیگه مهربون باشیم.

ما روزای سختی رو در پیش داریم و شاید یک انقلاب که تنها با یکدلی و اتحاد موجب پیروزی می‌شه. ما بهترین نقشه راه رو داریم که برامون به ارث مونده. باید به تمام مفاد اون موبه‌مو دقت کنیم و وفادارباشیم.

موسفید: حالا این کتاب دست کی می‌مونه.

مرد چاق: اول باید سایه این ظالم رو از سرمون کم کنیم. بعد درمورد همه چیز به اتفاق آرا می‌رسیم.

مرد میانسال: باید در مورد این مطالب رای‌گیری بشه و توافق نظر داشته باشیم.

مرد چاق: موافقم. از بین ما کسی به عنوان بزرگ انتخاب می‌شه. البته کسی که لیاقت و صلاحیت داشته باشه.

پسر: کی این لیاقت رو مشخص می‌کنه؟

مرد چاق: شما مردم. شما به اونی‌که مورد اعتمادتونه رأی

می‌دین.

زن: از کجا معلوم اون هم به قدرت برسه و به‌مون ظلم نکنه اون‌وقت چه فرقی با این آدم داره؟

مرد میانسال: بدون قرارداد و مفاد قانونی سنگ روی سنگ بند نمی‌شه.

زن: از دست یکی راحت می‌شیم یکی دیگه سر و کله اش پیدا می‌شه.

موسفید: تو اگه خوشت نمیاد می‌تونی دهکده رو ترک کنی.

زن: همیشه اول صورت مسئله رو پاک می‌کنین. خب منم دلم می‌خواد آزاد باشم. کسی بهم زور نگه.

مرد چاق: دوستان گفتم که اول باید از دست این ظالم رهایی پیدا کنیم. پس، پیش به سوی پیروزی.

مرد: مرگ بر دیکتاتور.

پسر: مرگ بر زورگو.

(مردم به سمت خانه صاحب مزرعه می‌روند. زن در آینه به چهره خود می‌نگرد. دختر به او نزدیک می‌شود.)

دختر: شما نمیاین؟

زن: من با کسی خصومت ندارم.

دختر: اگه الان با مردم همراه نشی بعداً برات سخت می‌شه.

زن: چرا...؟

دختر: آخه دیدم که داشتی باهاش خوش و بش می‌کردی.

زن: اصولاً من آدم خشنی نیستم و نمی‌تونم با کسی رفتار بدی داشته باشم.

دختر: اینو همه می‌دونن. اما رفتار بد با سر و سری داشتن خیلی فرق داره.

زن: تو هنوز خیلی جوونی من فقط رفتاری درخورآدمی داشتم.

دختر: خودت می‌دونی. من نظر مردم رو بهت انتقال دادم. همین.

زن: مردم. دیگه چی می‌گن. نکنه نشستن فقط پشت سر این و اون حرف می‌زنن. چرا به خودم نمی‌گن؟

(پسر از داخل جمعیت بازگشته است.)

پسر: کجایی پس؟ همه ریختن توی خونه‌ی آقای زانی اونم سوار اتومبیلش شده و فرار کرده.

دختر: پس بقیه کجان؟

پسر: دارن همه وسایل خونه رو بر می‌دارن و بین خودشون تقسیم می‌کنن.

زن: وای... من اون آینه قدی رو می‌خوام.

دختر: آینه قدی. مگه می‌دونی توی خونه اونا چه چیزایی هست؟

زن: (جا خورده است.) خب یک دفعه برای آرایش خانم رفته بودم اونجا.

پسر: من می‌رم، شما هم بیاین.

دختر: پس راست می‌گفتن که تو به اون خونه رفت‌وآمد داشتی.

زن: وا ... مگه اشکال داره؟

دختر: از آدمایی‌که مث کبک سرشون رو زیر برف می‌کنن و

هر کاری دلشـون می‌خواد می‌کنن متنفرم. (می‌رود.)

زن: دیوونه‌ها. گند زدین به همـه چیز. اتفاقاً اون مرد خوبی بود با احساس و جذاب.

(همهمـه مردم شـنیده می‌شـود. در حال شـادی هسـتند و آن آهنگ همیشگی را می‌خوانند.)

شش

(زن گوشه‌ای از صحنه نشسته است و با گوشه شال خود ور می‌رود. سر و صدا و هیاهوی بسیار شنیده می‌شود و عده‌ای وارد صحنه می‌شوند. هر یک وسیله‌ای را که از خانه آقای زانی صاحب مزرعه به غنیمت گرفته‌اند با خود همراه دارند. پسر و دختر وارد می‌شوند.)

دختر: باز که تنها یه گوشه نشستی. بلند شو برو توی جمعیت.

پسر: از امروز مزرعه متعلق به همه‌اس. متعلق به ما. روزهای

خوش.

زن: آقای زانی اگه برگرده روزگارمون رو سیاه می‌کنه.

دختر: چیه باز دلت می‌خواد زیر شلاقش سیاه و کبودت کنه. یا دست مهربونی به... چرا باور نمی‌کنی که قرار شده پدر من...

پسر: و پدر من...

دختر: از امروز به صورت شورایی به امور مزرعه رسیدگی کنن.

موسفید: (رادیویی را در دست دارد و با موج آن ور می‌رود.) هرشب ساعت ۹ داستان شب رو گوش می‌کنم. قصه‌هایی که پر از هیجانه.

زن: سهم تو از این به اصطلاح انقلابتون یک رادیو شده؟

زن ۱: (یک تنگ و ظرف طلایی در دست دارد.) پس اینو ندیدی حداقل از امروز نوشیدنی‌هامون رو توی ظروف طلایی می‌خوریم.

دختر: مراقب باش اختیارت از دست نره. (با شوخی)

(دو پسربچه مقداری وسایل بازی به همراه دارند شمشیر و سرنیزه‌ای که با آن به بازی و نبرد مشغولند.)

پسر اول: حالا وقت نَبَرده. خودت رو نشون بده سرباز.

پسر دوم: مث اینکه از جونت سیر شدی بچه جون.

پسر اول: تا خونت رو نریختم راهت رو بگیر و برو.

پسر دوم: یه سردار هرگز تن به ذلت نمی‌ده. دیگه کارت تمومه.

(دو پسر با هم به کار و زار مشغولند که مرد چاق و مرد میانسال وارد می‌شوند.)

مرد چاق: باید برای انبار نگهبان بذاریم. زمستان سختی در پیش داریم.

مرد میانسال: همینطور مسئولیت زیادی به عهده من و تو گذاشته شده. شبانه روز باید برنامه‌ریزی کنیم. نظارت کنیم.

پسر: پدر، مزرعه رو بین اهالی تقسیم می‌کنین.

مرد چاق: نه پسرم. ما یک نقشه راه داریم. همه چیز به تساوی. کار و تلاش. رفاه و آسایش.

مرد میانسال: از فردا همه به سر کارهاشون برمی‌گردن. باید مسئولیت هر یک از اونا مشخص بشه.

زن: می‌تونم بپرسم چه کسی شما رو به عنوان مسئول این مردم انتخاب کرده؟

مرد میانسال و مرد چاق: همین مردم.

زن: کدوم مردم. اونا که غرق در شادی به دست آورده شونن. شاید فردا خواستن کس دیگه‌ای لیدر و رهبرشون باشه.

زن ۱: توی اهالی کسی رو به دانایی‌شما سراغ ندارم. حتماً شما رو بزرگ خودشون می‌دونن. تازه تنها شما به کتاب و نقشه راه مسلط هستین.

زن: یادتون باشه قرار بود رأی بگیریم. انتخابات آزاد. نکنه می‌خواین یه انتخابات فرمایشی رو برگزار کنین؟

مرد چاق: فرمایشی؟

مرد میانسال: منظورت چیه زن؟ تو اصلاً با کی هستی؟

زن: باید دید آیا کس دیگه‌ای هم هست که بخواد اداره امور

قلعه رو بدست بگیره؟

پسر: باید صلاحیت داشته باشه.

دختر: تو چرا همیشه مخالفی؟

زن: خانوم کوچولو. تو برو با عروسک‌هات بازی کن. اصلاً شاید یکی از خانوم‌ها بخواد کاندید بشه و از طریق انتخابات اداره قلعه رو به عهده بگیره.

مرد میانسال و مرد چاق: یه زن؟

زن: بله زن. جای تعجب نداره.

مرد چاق: باید دید کسی هست که توی وجود خودش این عرضه و توانایی رو ببینه. درضمن توی کتاب و نقشه راه چیزی از این موضوع نیومده.

مرد میانسال: تا فردا منتظر می‌مونیم.

(همه می‌روند و زن در صحنه تنها می‌ماند.)

زن: بعید می‌دونم روزگار بهتری برای مردم رقم خورده بشه. باید دید آقایون. توی هر گوشه از این قلعه هر کسی برای خودش یه سازی رو می‌زنه. از بس که حرص خوردم پوستم خراب شده. (او نیز می‌رود.)

هفت

(مردم کنار در انبار قلعه ایستاده‌اند و همهمه بسیار برای
دریافت آذوقه تعیین شده می‌نمایند.)

موسفید: همه با نظم و رعایت‌حقوق دیگران توی صف
بایستند تا سهمیه‌هاشون رو بگیرن.
جوان: (از ابتدای صف خارج شده و با اندکی آذوقه به سمت
موسفید می‌آید.) موسفید. این‌چه تساوی و برابریه که سهمیه
پدر و مادر پیرم از یک زن کمتره؟

موسفید: مصوب جلسه شورای قلعه اینه. اعتراض داری؟

جوان: پدر و مادر پیر من توانایی انجام کار در مزرعه رو ندارن.

موسفید: (موسفید جوان را به گوشه صحنه هدایت می‌کند و می‌گوید.) وقتی به کسی رأی می‌دادی که شناخت کاملی از اون نداشتی خب نتیجه همین می‌شه.

جوان: خب شماها هم که با اون کار می‌کنین. مگه نگفتین ظلم رو ریشه کن می‌کنین. این بود اون حرفایی که به خورد مردم می‌دادین.

موسفید: قصد اغتشاش داری؟ یا طالب حق فردی خودت هستی؟

جوان: یادش بخیر. اگه پیرمرد زنده بود شماها جرأت نداشتین روی حرفش حرف بزنین.

موسفید: فعلاً که نیست. حرف دیگه‌ای هم مونده؟

جوان: خدا ازتون نگذره که به دروغ دارین حق مردم رو ضایع می‌کنین در حالی که خودتون توی بهترین شرایط روزگار می‌گذرونین. (می‌رود.)

زن ۱: جناب موسفید. (موسفید کمی خود را جمع و جور می‌کند.) اونا به من می‌گن هیچ آذوقه‌ای به تو تعلق نمی‌گیره.

موسفید: برگه‌های سبزت رو چه کار کردی؟

زن ۱: کدوم برگه‌های سبز؟

موسفید: همون دفترچه خواروبار دیگه.

زن۱: (سری تکان می‌دهد.) من که دفترچه‌ای ندارم.

موسفید: یعنی برای تو کوپن سرپرست خانوار صادر نکردن.

زن۱: من یه زن تنهام. کدوم خانوار؟

موسفید: (با زیرکی و آهسته) آخر وقت یه سر بیا دفتر انبار

قلعه تا مشکلت رو بررسی‌کنم.

زن ۱: عجب روزگاریه. یادش بخیر روزهای کار توی مزرعـه و جشن‌های شب کنار انبـار آذوقه.

(مرد میانسال و مـرد چاق وارد می‌شـوند. موسـفید به احترام آنها جلو می‌رود.)

مرد میانسال: چه خبر موسفید؟

موسفید: همه چیز آرومه قربان.

مرد چاق: اما به نظر عده‌ای ناراضی هستن.

موسفید: به اعتراضشون هم رسیدگی می‌کنیم قربان.

مرد میانسال: تو نماینده مایی.

مرد چاق: (رو به مرد میانسال)نباید همـه‌ی کارا رو بسپاریم به دیگران. از ما هم انتظار دارن توی مشکلاتشون همراه باشیم.

مرد میانسال: دنبال دردسرمی‌گردی؟ ما خودمون همین‌طوری کلی گرفتاری داریم.

مرد چاق: کدوم گرفتاری؟ نشسـتیم بـرای دیگران تصمیـم می‌گیریم.

مرد میانسال: (آهسته) این کار آسونیه؟

مرد چاق: قرارمون بود خودمون رو از مردم جدا نکنیم.

مرد میانسال: تو یه چیزت می‌شـه. مـن که حوصله این گدا گرسـنه‌ها رو ندارم.

مرد چاق: به همین زودی یادت...

مرد میانسال: شلوغش نکن. بریم... (مـرد میانسال رفته اسـت.)

موسفید: کار هر روزشونه. دیگه خسته‌ام کردن.
مرد چاق: (رو به موسفید) بگو بیان دفتر شورا. خودم به مشکلاتشون رسیدگی می‌کنم.
موسفید: بله قربان.

(همهمه توسط مردم حاضر در صحنه بالا می‌گیرد مرد چاق هم می‌رود.)

هشت

(شب است دو مرد روی پوشیده در لباس تیره در تاریکی از دو سوی صحنه وارد می‌شوند.)

مرد اول: دیر کردی.
مرد دوم: تمام کوچه‌ها قُرُق شده.
مرد اول: امشب وقتشه. باید کار رو تموم کنیم.
مرد دوم: مقدمات فراهمه. فقط قرارمون یادت نره.
مرد اول: (کیسه‌ی زر را از جیب بیرون آورده به او می‌دهد.)

قسط دوم بعد از اینکه کارت تموم شد.

مرد دوم: پس منتظر خبر بمونین. (می‌رود.)

(مرد اول کمی اطراف صحنه سرک می‌کشد و از سوی دیگر خارج می‌گردد. زن از حاشیه دیوار صحنه وارد می‌شود.)

زن: عجب شب شومیه. خدا کنه فردا هم این قلعه آرامش همیشگی‌ش رو داشته باشه.

پسر: تو این وقت شب اینجا چه کار می‌کنی؟

زن: بی‌خوابی و شبگردی همین.

پسر: همیشه از زنای بی‌پروا خوشم می‌اومد. البته زیبایی‌تو که زبان‌زد همه‌ست.

زن: یعنی تو مث بقیه فکر نمی‌کنی؟

پسر: حیف، اگه... (حرفش را می‌خورد.) راستی چرا تنها زندگی می‌کنی؟

زن: به تنهایی عادت کردم، چطور؟

پسر: حیف. تو زیبایی و با خرد. واقعاً بی‌نظیری. کاش جفتی داشتی.

زن: مردی رو لایق نمی‌بینم. (مکث) تو که جفتت رو پیدا کردی؟!

پسر: هیچ مردی رو؟

زن: هیچ...!

پسر: و اگه جوانی باشه که برازنده تو باشه؟

زن: لااقل توی این قلعه سراغ ندارم.

پسر: یه خورده دقیق شو. جستجو کن.

(دو مرد که باهم صحبت می‌کنند وارد می‌شوند پسر و زن هر یک گوشه‌ای پنهان می‌شوند.)

مرد اول: چند روزی این حوالی آفتابی نشو.

مرد دوم: قبل از طلوع آفتاب می‌رم.

مرد اول: مراقب باش کسی از موضوع مطلع نشه.

مرد دوم: فقط یه سوال. چرا باید...

مرد اول: این اواخر داشت برای خودش افرادی رو جمع می‌کرد. می‌خواست بر علیه رقیب کودتا کنه. حالا برو.

مرد دوم: می‌رم و منتظر می‌مونم تا کسی رو بفرستی سراغم. قولت هم یادت نره.

مرد اول: مطمئن باش. تو لایق این مسئولیتی. حالا برو زود باش.

(می‌روند. پسر از گوشه صحنه وارد می‌شود و زن را صدا می‌کند اما او نیز رفته است.)

پسر: پس کار تموم شد. ای ناجنس، تو دست شیطون رو هم از پشت بستی.

(پسر نیز از سوی دیگر صحنه را ترک می‌کند.)

نه

(مردم همهمه می‌نمایند و در صحنه جمع شده‌اند، هر یک چیزی می‌گویند.)

مرد اول: آخه چرا باید می‌کشتنش؟
مرد دوم: نکنه هوای آلوده باعث مرگش شده. (می‌خندد.)
مرد اول: نه. من شنیدم داشته برعلیه اونای دیگه یه اقداماتی می‌کرده. دستش رو از قدرت کوتاه کردن.
زن ۱: اونا که با هم می‌خوردن. آخه چرا باید بکشنش؟

مرد اول: قدرت بی‌رحمه.

مرد دوم: طبیعیه البته، این انقلاب نیاز به یک لیدر داشت. نه دو نفر.

زن ۱: مث حکایت آش و دو آشپزه.

مرد دوم: خدا عاقبتمون رو به خیر کنه دارن با کتاب و نقشه راه سرمون رو می‌بُرن و می‌گن قانون این رو می‌گه.

زن ۱: من از اول می‌دونستم که یکی از این دو نفر بر تخت می‌شینه.

مرد دوم: تخت؟

مرد اول: هر چی که تا امروز گفتن زدن زیرش.

مرد دوم: اگه مطابق نقشه راه عمل کنن هیچ اتفاقی نمی‌افته.

زن ۱: کدوم نقشه راه؟ اونم یکی‌نوشته مث خودشون.

مرد اول: حالا مگه چی شده؟

مرد دوم: هیچ، میان و می‌گن بر اثر بیماری ریق رحلت رو سر کشیده.

زن ۱: ماهم باور می‌کنیم؟

مرد دوم: باورکه نه، اما مجبوریم وانمود کنیم اونا راست می‌گن و سکوت می‌کنیم.

مرد اول: دقیقاً مشکل همین‌جاست. قرا رشد در مقابل ظلم سکوت نکنیم.

زن ۱: مگه کار دیگه‌ای هم می‌شه کرد؟

(جوان و زن وارد می شوند.)

مرد اول: (دیگران را به سکوت دعوت می‌کند.) پس شماها

هم اومدین سری به انبار بزنین و...

زن: (حرفش را قطع می‌کند.) شما جرأت ندارین بین خودتون مشکلات رو مطرح کنین. اون‌وقت...

جوان: اونا فکرمی‌کنن ما بَرده‌ایم، اونا آقا و سرور، قرار بود همه با هم مساوی باشیم. برابر و برادر.

زن: حالا از بس که وقت زیاد میارن به سر و وضع من هم گیر می‌دن.

مرد دوم: نیست تو خیلی هم رعایت می‌کنی.

مرد اول: خب حق هم داره. ما یکی رو از مزرعه بیرون انداختیم که آزاد باشیم. چه کار دارن به سر و وضع این بنده خدا.

زن ۱: وا... زن باید یه خورده وجاهت داشته باشه.

زن: به نظرتو وجاهت یعنی داشتن سر و وضع بهم ریخته، بَده من دستی به سر و صورتم می‌کشم و همیشه شاداب هستم.

زن ۱: تو دیگه خیلی شاداب و سرخوشی.

مرد اول: شماها فکر می‌کنین عاقبتمون چی می‌شه؟

مرد دوم: هیچ. یه انقلاب دیگه.

جوان: دیگه کسی دل و دماغ ایستادن روبه‌روی کسی رو نداره چند تا مزرعه اطراف هم فکر می‌کنن ما خوشبختیم.تازه ما رو الگوی اخلاق و رفتار انسانی می‌دونن. اونا هم معترض شدن به صاحبان مزارع.

زن ۱: با این حرفت موافقم.

مرد دوم: از قدیم گفتن شنیدن صدای طبل از دور خوشه.

مرد اول: همه اون چیزایی رو که اعمال قبیحه می‌دونستن رو دارن یکی‌یکی نقض می‌کنن. باید کاری کرد.

زن: والا... دیروز یکیشون به من نظر بد داشت.

زن ۱: خُبه خُبه. نیست تو هم بدت میاد.

مرد اول: بس کنین. همه مشکلات ما شده روابط یه زن و مرد، پوشش و رفتار، دچار یه بیماری لاعلاج شدیم.

مرد دوم: باید چاره‌ای کرد.

جوان: من می‌گم بهتره نشست‌های شبانه رو، راه اندازی کنیم.

مرد اول: اون وقت کجا؟

مرد دوم: سر مزار پیرمرد، همه هم قبولش دارن.

زن ۱: به ظاهر جلوی مزارش دولا و سه لا می‌شن.

زن: چرا نشن؟ هر چی امروز دارن از اون نقشه راهیه که براشون به ارث گذاشته.

مرد اول: اما بد هم نمی‌گه. سعی کنین اهالی رو تشویق کنین جمع بشن اونجا.

زن: روی من حساب نکنین.

زن ۱: چیه می‌ترسی آرایشت بهم بریزه، یا...

جوان: باید روی توافق همگانی حساب کرد. یک یا دو نفر فایده‌ای نداره.

زن: من از اول هم با بیرون کردن آقای زانی مخالف بودم.

مرد اول: حالا شده. هرجا جلوی ضرر رو بگیریم سود کردیم. بریم.

(همه می‌روند و زن می‌ماند.)

زن: (باخود) بی‌شعورا، احمق‌ها، شپش و کک توی تنبونشون چهار قاب می‌ندازه اونوقت میخوان انقلاب کنن. خاک بر

سرتون.هرچه آدم فهیم وبا شخصیت بود همون اول از دم تیغ گذروندین. بی‌شعورا، احمق‌ها (می‌رود.)

ده

(دختر به انتظار نشسته است و پسر وارد صحنه می‌شود.)

پسر: خیلی که دیر نکردم.
دختر: خب قراربود چی رو بگی و چرا دوباره اینجا قرارگذاشتی؟
پسر: باورکن من از هیچ چیز خبر ندارم.

(زن می‌آید و گوشه‌ای که از چشم دختر و پسر پنهان است، می‌ایستد.)

دختر: یعنی می‌خوای بگی نمی‌دونی که پدرم رو آدمای پدرت کشتن؟

پسر: آخه چرا باید این کار رو می‌کردن؟

دختر: برو از پدرت بپرس.

پسر: گوش کن ماه‌چهره. هیچ چیز نباید ما رو ازهم جدا کنه.

دختر: چطور می‌تونم با خانواده قاتل پدرم روی یه سفره بشینم؟

پسر: شایعه‌اس. اونا می‌خوان ما رو به جون هم بندازن.

دختر: مرگ پدر من شایعه‌اس؟ چطور می‌شه یه شبه انواع و اقسام بیماری بیاد سراغش و بمیره؟

پسر: چرا نمی‌خوای قبول کنی اونا عمری با هم بودن، مبارزه کردن، زندونی شدن، چطور می‌تونن این کار رو بکنن؟

دختر: قدرت خیلی کثیفه.

پسر: خواهش می‌کنم بذار...

دختر: متأسفم. دیگه نمی‌خوام ببینمت. دیگه نمی‌تونم، چون خواهر و مادرم مخالفن. همه دارن توی کوچه و محل جار می‌زنن که پدرم رو پدر تو کشته. جالبه اونایی که مث دو تا برادر بودن باهم.

پسر: دروغه باورکن اونا با ما دشمنی می‌کنن.

دختر: بسه دیگه. بس که توی گوشمون خوندین دیگران نمی‌تونن خوشبختی ما رو ببینن و برامون دشمن فرضی ساختین.

(دختر می‌رود و پسر مدام او را صدا می‌کند.)

پسر: ماه‌چهره. ماه‌چهره... بمون. من قول می‌دم همه چیز درست بشه.

زن: (زن خود را نشان می دهد.) اما پدر اون که زنده نمی‌شه.

پسر: می‌گه پدر من اونو کشته. آخه واسه چی؟

زن: خودت هم می‌دونی که بی‌راه نمی‌گه. اون شب من و تو شاهد اون توطئه بودیم.

پسر: اما من دوستش دارم.

زن: اون نشد یکی دیگه. خوب به اطرافت نگاه کن.

پسر: تو داری خودت رونشون می‌دی. داری از آب گل‌آلود ماهی می‌گیری...

زن: فکر کنم اول تو پیشنهاد دادی، به همین زودی یادت رفته؟

پسر: من؟

زن: چیه؟ من آدم کثیفی هستم. چون خودم پیشنهاد بی‌شرمانه‌ای بهت دادم. اما یادم میاد که اون شب تو...

پسر: اون شب من عقل از سرم پریده بود. شاید...

زن: از اون لعنتی‌ها که منع شده بودیم کشیده بودی بالا؟ خب امشب هم امتحان کن.

پسر: می‌خوای جای ماه‌چهره رو بگیری؟

زن: من جای خودم هستم. تو می‌تونی به من عزت و بزرگی بدی. بواسطه تو و پدرت به من هم احترام می‌ذارن.

پسر: عروس هزار داماد.

زن: فکر نکنم بوی گند من فضا رو بیشتر از شما آلوده کرده باشه. من...

پسر: بسه دیگه. قبول به یک شرط.

زن: چه شرطی؟

پسر: ظاهرت رو عوض کنی و مث گذشته نباشی.

زن: می تونی رو قولم حساب کنی. یعنی مجبورم که کس دیگه ای بشم.

پسر: حالا که خوب نگاه می کنم می بینم تو لیاقتش رو داری، منم بهت علاقمندم. فقط این راز پیش تو و من بمونه.

زن: آفرین کوچولوی عاقل. می دونستم می شه روی تو حساب کرد.

پسر: منتظرم بمون (می رود.)

زن: تو پدرسوخته چه زود بزرگ شدی و قد کشیدی. منتظرت می مونم.

یازده

(همان صحنه اول تکرار می‌شود، کسانی درب ورودی قلعه را
می‌بندند و می‌روند. شب هنگام است و مردم از دریچه‌ها وارد
صحنه می‌شوند، عده‌ای سراغ انبار آذوقه می‌روند و یک نفر
نگهبانی می‌دهد.)

مرد اول: امشب نوبت کیه؟
زن ۱: من حاضرم نگهبانی بدم. به شرطی که سهم من فراموش
نشه.

مرد دوم: به تو می‌گن شیرزن.
مرد اول: همه جمع‌شین اینجا.

(پسربچه‌ای مدام غر می‌زند.)

پسر بچه: باز هم تجمع و بحث انقلابی.
مرد: تو هنوز بچه‌ای. بزرگترها می‌دونن دارن چه کار می‌کنن.
پسر بچه: اگه می‌دونستن که این همه بدبختی نداشتیم.
مرد اول: خفه شو بچه، برو پی بازی خودت.
پسر بچه: روی من حساب نکنین. من می‌خوام آزاد باشم.
مرد اول: اونا دارن خونمون رو توی شیشه می‌کنن.
پسر بچه: ازکجا معلوم کس دیگه‌ای که میاد این کار رو نکنه.
مرد دوم: تو رو چه به این‌حرفا.
زن ۱: جوونای امروز خیلی سر به هوا شدن.
پسر بچه: دارین برای چیزی انقلاب می‌کنین که خودتون هم می‌دونین این‌تساوی امکان نداره. همیشه یکی زور می‌گه.
جوان: چرا چرت و پرت می‌گی.
پسر بچه: همین الان دارین به من زور می‌گین. چون زورتون بیشتره.
مرد اول و مرد دوم: (با تعجب) راست می‌گه.
زن ۱: باید چه کارکنیم؟
پسر بچه: اینو دیگه نمی‌دونم. اما این شب بیداری‌ها فایده‌ای نداره.
مرد اول: اونا دارن زور می‌گن. مردم ضعیف رو فراموش‌کردن، قرار نبود قدرت عوضشون کنه. نقشه راه اینو نمی‌گه.

پسر بچه: اون کتاب بزرگه رو می‌گی؟ به چی دلخوش‌کردین؟
مرد اول: یک بند از نقشه راه رو براتون می خونم. گوش‌کنین. هیچ کسی بر دیگری برتری نداره.

(مردم هریک متفرق می‌شوند و می‌روند در حالی‌که مرد می‌بیند نقشه راه را برای خود می‌خواند پشیمان شده می‌نشیند و زانو به بغل می‌گیرد. زن۱ نیز می‌رود.)

مرد اول: چرا به من اعتماد نمی‌کنین؟ما می‌تونیم با هم شرایط بهتری رو بسازیم. آخه تا کی باید توی گوش اینا خوند که چی غلطه و چی درسته؟

(زن وارد می شود.)

زن: به خیالت عقل کلی؟ قبل ازتو هم اونای دیگه همین ادعا رو داشتن.
مرد اول: تو دیگه چی می‌گی؟ چقدر برات این مسائل مهمه؟
(با طعنه)
زن: تو هنوز خیلی جوونی. ما توی همین مزرعه گیس سفید کردیم و خوشی‌ها و ناخوشی‌های زیادی رو پشت سر گذاشتیم. خوشی که نه. به خیالمون خوش بودیم.
مرد اول: ببین. توی این نقشه راه چه مطالب خوبی نوشته شده.
زن: کیه که این مطالب رو از بَر نیست. بس که توی گوشمون خوندن و خودشون کار دیگه‌ای کردن. اون روزا یه صاحب مزرعه بود و یه شلاق. اما الان هرکسی یه ترکه دستش‌گرفته

و ضعیف‌تر رو می‌زنه.

مرد اول: خب منم حرفم همینه. نباید بذاریم بزنن توی سرمون.

زن: تو جوون خوبی هستی، اما چاره راه این نیست. یعنی مزرعه به طور کل ویرون شده دیگه جای زندگی نیست.

مرد اول: دوباره می‌سازیمش.

زن: چطوری؟ با چه توانی؟ با چه احساسی؟ یه روزی تموم این مزرعه سبز بود، صبح که از درخونه می‌زدیم بیرون آواز و رقص‌های دسته جمعی تمومی نداشت. اما حالا پای هر خونه‌ای یه پارچه مشکی کشیدن. مزارع دیگه کشت نمی‌شن، مردا اغلب تا لنگ ظهر خوابیدن. جوونا هیچ انگیزه‌ای برای زندگی ندارن.

مرد اول: شما همیشه داغ دلتون از زندگی تازه است.

زن: مگه چند بار به دنیا می‌آیم چقدر عمر می‌کنیم. شنیدم بعضی‌ها بساطشون رو جمع کردن دارن برای همیشه از اینجا می‌رن.

مرد اول: تو چرا نمی‌ری؟ تو که دلت ازشون خونه. تو که می‌خوای آزاد باشی.

زن: کجا رو دارم برم؟ بعد چند سال چی با خودم ببرم که بتونم توی سرزمین دیگه‌ای روزگار بگذرونم؟ اونا که جوونن و تحمل سختی‌ها رو داشتن، رفتن.

مرد اول: من دلم می‌خواد دوباره شروع کنیم. همه چیز رو مث روز اولش بسازیم.

(پسر بچه وارد می‌شود و خبری می‌آورد.)

پسر بچه: شما هنوز هم از تخیلاتتون حرف می‌زنین، مردم جمع شدن پای مقبره پیرمرد.

زن: خب باید چه کار می‌کردیم؟

پسر بچه: می‌خوان دوباره رأی‌گیری کنن. می‌خوان مزرعه رو از نو ببرن زیر کشت. می‌خوان برای آب چاه میرآب بذارن. می‌خوان...!

زن: تا اونجایی که من یادمه، چند ساله می‌خوان، یه دفعه نشد همه چیز بر وفق مرادمون باشه، فقط برامون خواستن.

مرد اول: اما همین حرکت هم خوبه. شاید به نتیجه برسیم. (رو به پسر بچه) بریم. (می‌روند.)

زن: (نفس عمیقی می‌کشد.)

دل بر این پیر زن عشوه‌گر دهر مبند
نو عروسی‌ست که در عقد بسی داماد است
خدا از تون نگذره که روزگارمون رو سیاه کردین.

(از سوی دیگر دختر در حالی که کاملاً لباس مشکی به تن دارد وارد می‌شود. زن خود را پنهان می‌کند. دختر کمی عرض صحنه را قدم می‌زند و منتظر است.)

دختر: مث همیشه دیر سر قرار حاضر می‌شه. خوبه حالا اون اصرار داشت که من بیام.

(پسر که آمده است و از دور او را نظاره می‌کند. دختر آهسته گیس بلند خود را کنار زده و به سر و وضع خود رسیدگی می‌کند.)

پسر: من همیشه عاشق این موی بلند بودم.

دختر: حرفت رو بزن باید برم.

پسر: چه عجول. می‌تونیم تا دم رودخونه قدم بزنیم و صحبت کنیم.

دختر: رودخونه مال زمونی بود که قرار بود با هم ازدواج کنیم. الان دیگه اون ممه رو لولو برد.

پسر: چرا؟ چرا نمی‌خوای باور کنی که من توی این ماجرا نقشی ندارم؟

دختر: منو کشوندی اینجا که اینا رو بهم بگی؟

پسر: نه یه نکته مهم‌تر.

دختر: خب!

پسر: (اشاره می‌کند.) بشین.

دختر: بگو. دیرم شده باید برم.

پسر: تو باید با من ازدواج کنی.

دختر: ازدواج کنم. باید؟!

پسر: یعنی برای تو و خانواده‌ات راه دیگه‌ای باقی نمونده.

دختر: چرا؟ کی گفته که من باید با قاتل پدرم زیر یه سقف باشم؟

پسر: اگه قبول نکنی...

دختر: چکار می‌کنی؟ می‌کشینم.

پسر: دارم زمزمه‌هایی رو می‌شنوم که می‌خوان از مزرعه بیرون‌تون کنن.

دختر: از مزرعه. ما که آزارمون به کسی نمی‌رسه. در ضمن من فقط یه خواهر کوچک دارم و یه مادر پیر.

پسر: این نظر اوناست.

دختر: و نظر تو...؟

پسر: مگه ما از بچگی با هم بزرگ نشدیم؟

دختر: هیچ ربطی نداره. اگه نیاز باشه مزرعه رو ترک می‌کنیم. حالا که از دو تا زن و یه بچه می‌ترسین بهتره خطر رو از خودتون دور کنین.

پسر: این حرف آخرته؟

دختر: (در حالی که می‌رود.) اول و آخر (رفته است.)

پسر: دیوونه. باید اون‌قدر آوارگی و دربه‌دری بکشین تا قدر محبت منو بدونین.(زن پشت سر پسر ظاهر می‌شود.) تو اینجا چه کار می‌کنی؟

زن: اینجا، اینجا که جای خوبی نیست، جای مهمی نیست. چرا نگرانی؟

پسر: قول دادی که از مزرعه بیرون بری.

زن: قول دادم. می دونم. اما...

پسر: دیگه اما نداره...

زن: پاهام یاری رفتن نمی‌کنن.

پسر: تو جونت رو به شرط رفتن پس گرفتی.

زن: چطور آدما براتون مث یه تفاله هستن؟ من که آزارم به کسی نمی‌رسه.

پسر: نمی‌خوام شاهد مرگت باشم. پس برو.

زن: مرگ من؟ روزی هزار دفعه می‌میرم و زنده می‌شم.

پسر: شعر می‌گی. آخر شبی بازیت گرفته.

زن: می‌شه بمونم؟ قول می‌دم...

پسر: اگه پدرم بفهمه... قول نمی‌دم بتونم کمکت کنم.

زن: چرا با من این کار رو می‌کنی؟

پسر: این خواسته خود تو هم بود. فراموشت شده؟

زن: کدوم خواسته؟ اینکه آواره کوه و دشت بشم؟

پسر: من تصمیم نمی‌گیرم. یعنی کاری از دستم ساخته نیست.

زن: تو گفتی از من خوشت میاد. گفتی...

پسر: من کاره‌ای نیستم. فقط تونستم جلوی کاری رو بگیرم که ازعهده‌ام برمی‌اومد.

زن: پس چرا؟ چرا منو وارد این بازی کردی؟

پسر: من از اینکه توی دست آدما اسیر باشی و هی این دست و اون دستت کنن نجاتت دادم.

زن: اما حالا دیگه هیچ چیزی برام نمونده.

پسر: اونا نمی‌خوان توی مزرعه باشی. یعنی مخالف افکار و رفتارتن.

زن: اما من...

پسر: دیگه اما و اگر نداره. زودتر برو. تو چیزایی رو می‌دونی و دیدی که نباید بدونی. همین.

زن: (کوله‌اش را بر دوش گذاشته و به راه می‌افتد.) حالا می‌فهمم چرا ماه‌چهره به تو اطمینان نکرد.

پسر: چرا؟ (زن همچنان در حال گذر است.) چرا؟

زن: شماها به خودتون هم رحم نمی‌کنین. عقلتون توی خشتکاتون جا مونده. هیچ وقت هم کسی دوستتون نداشته و نداره.

(زن از صحنه خارج شده است صدای شلیک تیری شنیده می‌شود. پسر به تیرک داخل صحنه تکیه می‌دهد و سپس بی‌اختیار به سمت صدا می‌رود نور صحنه گرفته می‌شود.

در کور سوی نور، هیاهوی بسیار شنیده می‌شود. همان دربِ بلند وعریض که انتهای صحنه را پوشانده است و به در ورودی یک قلعه شبیه است. پسر با اسلحه‌ای شکاری چکمه بلند در صحنه درب را کاملاً می‌بندد و از سمت دیگر صحنه را ترک می‌کند و به خانه‌ای که سمت راست صحنه است می‌رود. از بدنه در و قسمت‌های مختلف آن بخش‌های کنار زده می‌شود یا به صورت کشویی بالا زده می‌شود و چهره‌ی افرادی نمایان می‌گردد. کم‌کم افراد از آن خارج شده و به صحنه می‌آیند. موسیقی که طی نمایش در شرایط پیروزی‌هایشان نواخته و خوانده می‌شده است، شنیده می‌شود.)

پایان